5 Um mundo
6 Vestir as cidades
9 Presto
10 A questão
12 Pomba-gira
15 Um piano
17 A um toureiro morto
24 Armando Freitas Filho e os tigres
27 O triste
28 Issey Miyake
31 *Comme des maisons*
35 Sentimento leste
37 Pai
39 Aquele velho
41 Narciso
43 Caça
45 Fim de semana
47 O equilibrista
48 A mulher
51 Sul
53 À roda
55 *The big blue*
57 Caligrafia
59 Guillen Folc Cura (1979-2000)
61 Passe
63 Lança
65 Da grande máquina
67 Graça
68 Via
71 De ti
73 Preciso
75 Mais doce
77 Aceite

- 79 Engate
- 81 Já
- 83 Presença
- 85 Faro
- 87 Extremo
- 89 Dor
- 91 Carícia
- 92 O cacto
- 95 Relevo
- 97 Ali
- 99 Ronchamp
  (outra fábula de um arquiteto)
- 101 O cobogó
- 103 Jonas
- 105 **Rua do mundo – EUCANAÃ FERRAZ**
- 109 Arranha-céus
- 111 Segredo
- 113 Do concreto aparente
- 115 Das covas
- 116 Indelével
- 119 No Grande Hotel do Porto
- 122 Uma coisa casa

Onde montanhas não são levantamentos
íngremes de terra. Onde rios não são cursos
de água que se vão lançar no mar,
nos lagos, noutros rios. As casas

não têm paredes ou teto, ruas
não são vias de acesso, caminhos não vão
de um ponto a outro e os pontos não põem
fim, não abreviam, não são laçadas na malha

da lã ou nas voltas da linha. Por sua vez,
linhas não são fios, nem fibras, nem traços.
Não há sulcos na palma das mãos. Não há frentes
de combate. Linhas não são rumos

ou normas. O Equador não é o anel extremo do globo
e as superfícies esféricas não se chamam esferas.
Não há moedas. O espaço ilimitado, indefinido
no qual se movem os astros é a terra, enquanto

acima das cabeças, pregados pelo horizonte, densos,
amarelos, vão jardins em movimento. Venta.
Há um vento constante, há um canto constante.
Pode-se ver a música, de terraços, belvederes

e torres instaladas para tal finalidade. Mundo
em que se ganha o que se perde.
Toda pedra é pérola. Onde o amor
é entre duas mulheres.

Um mundo

A que vai em frente dos olhos, dependurada
em finos aros, não é larga
(vai do pavilhão da orelha

ao nariz), mas promete a visão
de outra que se projeta além dela,
nítida, translúcida.

O chapéu de copa e abas largas
é a Babilônia que viu nascer
e crescer a criança que partiu

com pressa e sem lhe dizer se agora
o traz à cabeça por lembrança
ou completo esquecimento.

A que os dedos puderem furtar será a luva
que lhes cairá mais certa: uns tantos edifícios
demolidos, mapas remotos, sinos sem torres,

trilhos de nenhum bonde. Das que insistem
agarradas nas solas dos sapatos jamais
se sabem os nomes, tantos os verbos

indecisos e as ruas mal costuradas. No entanto,
trajar-nos-á perfeita (é a ilusão que o diz) aquela
que só visitamos nas fotografias, no desejo,

nas vitrines, e que imaginamos impecável
nos ombros e nos punhos (por sobre aquela
que segue tatuada no braço, malgrado nosso).

Vestir as cidades para o Eduardo Coelho

De todo modo, para bem se vestir a cidade
tenha ela número maior que o reservado:
numa única manga caibam

dois braços e nossas pernas hão de sobrar
em suas pernas; a cintura larga e os dedos
não encostem, confortáveis,

em qualquer limite; calcanhares devem
seguir livres, o pescoço fácil, a via
fácil, haver o sol, gesto ágil.

Há que se carregar sempre uma cidade nos bolsos
do paletó da cidade. Cidades são a maravilha
das maravilhas nos sonhos, no sexo

e, sem nenhum assombro, a cada
momento, vegetais e violentas, brotam
entre os fios dos nossos cabelos.

Os dias despencam
aos pedaços. Logo será janeiro.

Posso farejar o amarelo das amendoeiras
de então (amarelas como teu cabelo)

e a praia, os bares, a ferrugem, nossas costas
e braços liquefeitos. Tanto faz a solidão,

a companhia: tudo são doenças tropicais,
incuráveis. O verão virá, forasteiro,

no vôo tonto, nupcial dos cupins
em volta das lâmpadas. Janeiro

está próximo, pressinto seu peso, a alegria,
o tremor, a sezão, o óleo,

a girândola veloz dos relógios
a nos golpear no ventre. Girassóis

em bando assestarão suas lâminas
em direção aos táxis

enquanto os rios, erráticos, desaguarão
à porta dos edifícios da Senador Vergueiro.

Presto

Como decidir do desejo?
Algum padrão diz do que
e de quanto vive?

Ele vive do que deseja?
É uma necessidade?
Subsiste no fundo do tempo?

Faz-se num minuto? Morre
no outro? Perdura uma existência inteira?
O desejo que não desejamos,

refreá-lo como? Respiramos.
Há interromper-lhe o passo?
O desejo nos ouve?

É cego? É doido? O desejo vê
mais que tudo? São os nossos
os seus olhos? Se os fechamos,

ele finda? Quem pôs o desejo em nós?
Onde está posto? E onde não?
Penetra o sonho, o trabalho, infiltra

nos livros, no óbvio, nos óculos,
na cervical, na segunda-feira e os versos
não sabem outro tema.

Há quem não deseje?
Tudo o que vive deseja?
Faça-se o exercício: não desejar,

A questão

por um mês, uma semana,
um dia. O desejo fabrica-se
de nenhum aval? Ele não teme?

Não receia o sal à face da razão?
Não teme a dor, decerto, que dela
parece, por vezes, primo-irmão.

E perguntamos, perplexos. O desejo
é uma forma oblíqua de alegria? Brinca
conosco? Mas, brincarmos com ele,

ai de nós, é de seus truques
o mais fatal. Morremos de desejo?
Com ele removemos pedras?

Por ele removemos montanhas?
Pode o desejo mover o não?
(O não: esta seta o mata?

Ou esta farpa fomenta o que nele nos ultrapassa
e que, sem nome nem fim, não desistirá
senão quando tudo morto em nós?)

Química tão secreta,
não vale a pena qualquer pesquisa,
uma pluma, este poema.

Medo de que a pomba-gira
me dissesse Deus, o sexo, a morte.

Medo de que seu charuto,
sua cachaça me anunciassem

o centro fumegante da Terra antes que eu
abatesse minha sede de frescor e delicadeza.

A gargalhada preta, vermelha e quente
me apavorava. Aquela diaba

de fumo e ferros diria o que nem eu mesmo
alcançava em mim? Rugiria aos quatro cantos

aquilo que fosse de mim a borra no fundo,
o avesso, o três, o vazio,

a folha venenosa que recusei, que evitei
mastigar e permanecia quieta como um cacto

secreto? Medo
daquela mulher absoluta, rainha

errada, metade deusa,
metade puta, que era

e não era, e cuja excêntrica presença, encarnação
momentânea, era o canto e a dança

Pomba-gira

dos sudários, das aparições, dos espectros e
assombramentos, das sombras e almas padecentes

a vagar desgraçados pelas esquinas. E eu,
que só queria fingir que não se morre,

que só queria não sofrer, escondia minha água
mais íntima quanto mais temia

aquele anjo todo fogo que girava sobre um chão
de punhais, que girava sobre um chão

de pólvora, que girava, cabelos, dentes,
que girava. Que gira na memória.

Cujo som, afirmas, não é o correr dos rios
nem o murmúrio que as árvores fazem.
Para que é preciso, então, ter um piano?

Ouve: os *Noturnos*, Schubert, Satie,
Thelonious Monk. Tocar é chegar,
pôr-se em contato, mãos, pés

e, quando sem esforço, de tocar diz-se:
alcançar. Ouve: os dedos alcançam, como se
árvore, água, como se a casca da água,

a canção. Mestre, meu mestre querido,
meus ouvidos chegam a pensar
que a natureza nos inventou para que: o piano.

Um piano

1. [Assim:]

Rosa-de-cão, bafo, retalho, gafanhotos,
vazante, cabeça, tripas, estrondo:
água forte, carvão atroz contra o azul castiço,
ouro, queixada, o tombo: toureiro morto.

A um toureiro morto

2. [Vê:]

Tanto aparatava os metais nobres
do movimento escorreito, o ferrão
do gesto feito de relógios
extremos, digital de nervos,

e agora exibe não mais que o açoite
da morte, o coice da morte,
a foice, a noite,
morto,

não-euclidiano, cabra-cega, amarelo-
escuro, lugar-comum, sem ouro
e sem tesoura, não mais que a rasura
de ter estado vivo

no centro da praça, no centro
do circo, no centro do alarde,
no
centro de ter sido.

Agora, herdeiro morto, de fio
a pavio, carneiro morto, de foz
em fora, roteiro morto, a pau
e corda,

morto,
morto de fato e apenas,
e só o chamamos toureiro
por força do hábito.

A sofreguidão do vazio
lhe rói os dedos dos pés
assim como certa impaciência
de nuvens se ajunta

sobre aquele que perdeu
toda laca, o mordente,
o ácido, e sua lâmina
derramada sobre o picadeiro

não é mais que ópio para as páginas
que anunciarão a novidade:
arrebentou-se a esquadria,
a máquina morreu.

3. [Uma voz:]

Sou a camisa do toureiro morto,
a cal magra, a casca, a casa que ele vestia
à maneira de um pássaro
que o calçasse inteiro
e protegesse, de modo que
seu peito já não se lembrasse

que o maciço compacto de minha alvenaria
era só uma fiada e outra
de algodão e fresta,
nó e fenda.
Sou o muro
estreito

e bem cortado, o reboco, a parede
delgada, a camisa que morreu
com ele, o muro, metro
exato e reto que, no entanto,
já não pode tal corpo
que, extático, parece alastrar-se

como árvore, ao avesso, porque morta,
rio, ao avesso, morto, poça
de terra e não de água, de terra
que se derramou para voltar à terra.
O que em mim era casa
deixou fugir as vigas, descolou-se,

emagreceu dos ossos, tornou-se aéreo.
Um morto é inquilino que não me serve e já
outras paredes vêm chegando: o paletó
de pinho ostenta cadeados definitivos,
colarinho de barro e lata. Morto,
nenhum veludo orna as ruas

sinuosas de seu intestino; músculos nus,
açúcar o que era arame. Sou a camisa
encharcada da água em que se ferveu a carne,
o peixe, o adubo gorduroso da cabeça,
da língua, dos olhos daquele que amei, que amei
como uma casa ama a chama de sua régua.

4. [Outra voz:]

Sou o pó
que se despregou do chão de pó

do pátio e mais que rápido colou-se
à camisa do toureiro morto.

Nenhum socorro, piedade ou ternura
pôr-se-iam mais a postos do que eu,

sob a sola, ali, dos sapatos, terra seca
e tênue, poeira, polvilho à espera

do derrotado. Toureiro morto.
Podia ser um cachorro. Não é, é um violino

depois que um relâmpago procurou seu fígado,
perfurou seu fígado e se foi, frio.

5. [Enfim:]

Canção para um toureiro defunto:
nenhuma dança, nenhum vento,
nada desapruma a água parada
de sua navalha. Canção defunta,
toureiro nenhum.

Armando traz sempre consigo, precavido,
tigres.

Com eles, evita poemas em gaiola, metros
bem adaptados ao aquário.

Treina com tais o que já sabe:
saltar

agressivo
acima da existência dos animais

que farejam por inspiração,
que farejam

a inspiração. Nos tigres,
aprende a ser inda mais acre

ao acrescentar impaciência
aos seus cuidados de matemático

e, em contraponto, método
ao frenesi, ao fremir. Assim,

Armando Freitas Filho e os tigres

Armando veste seus versos em tigres
como a si mesmo em *t-shirts*

(listadas, vê-se,
de sombras

que rompem a continuidade
— cabralina? — do pátio ensolarado;

ou, ao contrário, de sol é a malha
que grava em lâminas alternadas,

fazendo em fatias a prolixidade
do escuro, em fatias

a monotonia, a morte,
a mediocridade que grassa).

Guardou esta manhã
para chorar longamente,
o que não fazia há muito.

Não porque setembro,
não por um fato específico,
um isto que fosse. Ou,

de tão antigo, seria um motivo que
não recordava e agora o hálito de seu abraço
frio e sem rosto?

Guardou, para tal manhã,
olhos e boca. Mas o rápido,
repentino sumo de uma luz

pelas frestas veio dar nos livros,
o telefone, crianças lá fora, jornais
e talvez, e ainda.

Manhã tão breve.
Quem sabe, depois, outubro.
Hoje, não houve tempo.

O triste

Casa: por um lado, larva,
pele rasa; por outro, ave.

E, logo, o que parecia galo
é agora lagarto.

O alfaiate quis assim:
por um lado, o esmalte

da tâmara, por outro,
topázio de plástico.

A um só tempo:
cavalo, áspide.

Prata compacta aqui,
adiante o quilate puro

de sua claridade,
mais nada.

Casaco, vestido e calça
desdobram-se

de tal modo em módulos,
que nunca saberemos quantos

e quais, nem será possível
detectar no alinhavo

onde começa a camisa,
onde começa a harpa.

Issey Miyake

Não há como encontrar
a bainha, o arremate,

algo como calha, rastro
de calafate, que,

por um lado, é aquele que veda
o espaço, que tapa, mas,

ironia, também é pássaro, peixe,
vento, planta.

Vestir essa casa
será sempre desvestir-se do

um, será estar nu: varandas
tudo.

1

Casa cúbica.
No cume,

canta, súbito,
um cuco.

2

Casa canudo, seu
vazio: casabuco.

3

Refúgio
(casulo).

4

Do refugo,
o luxo súbito.

5

O bufo
do chique.

Comme des maisons

6

Casa bico,
adunca

(seu perfil
antigrego).

7

O cúmulo da casa:
casa súmula.

8

Casa medula,
aguda.

9

Casa do texugo,
caramujo.

10

Urso
coagulado

em sua caverna
de veludo.

11

Júbilo de Buda,
deus de barro,

barro
de Pernambuco.

12

Desarrumada
em aprumo.

13

O chique
do bufo.

14

O caos, ou quase:
a casca do.

15

Casa acerca da casa,
casa em estudo.

16

Onde reina
Rei Kawacubo.

Na feira, pela manhã,
mesmo o cheiro tem sintaxe, peso.
Próximas e distantes a Manchúria,

a Mongólia. Tão branda luz sobre tangerinas
e verduras levanta em mim o desejo de viver
e viver alegrias, desejo absurdo de nenhum sofrer.

Sentimento leste

No chão tenro do Rio,
misto de areia e restos de alagadiços,

pus teu corpo
triturado,

limalha da velha Minas, ímã
que já não prendia nenhuma alma.

Pus ao pé de uma árvore,
perto do mar,

teu corpo moído, pesado, que
parecia um punhado de conchas

que se macerou insistente,
violentamente.

O chão do Rio ganhou mais peso,
outra geologia.

Pai

Assim também serei, minha Marília?
Quanto estrago não lhe fez o tempo:

fria frouxidão nos braços,
na boca, o rio reduzido a um fio,

a memória, aluvião confuso,
números, amores, nomes

de antigos presidentes da República,
uma casa, outra, uns livros, remédios,

um filme, a praia, uma canção, outra, a mão
estendida, uma viagem, amigos,

a procura ávida por uma prateleira
onde repousar todas as vontades,

o coração, os intestinos, a pele
áspera do vazio. Deus. Quer crer.

Tão lentamente até aí e, no entanto,
é como se de repente: os olhos

já não ateiam o avesso no que vêem,
tudo está feito. Ponto.

Não há refazer a marcha. Restolho,
murcha o mundo, sem hipóteses.

Aquele velho

O aço indeciso
da água, o vidro aceso
da sede:

maravilhado, maravilhado
pelo impossível, pelo impossível
refletido, refletido

bebe de si
todo o incêndio: arco e seta,
alvo e ar.

Narciso para Antonio Cicero

Um pé, outro.
O zelo extremo de quem os tivesse estridentes,
de lâmina, e experimentasse o passo sobre
chão de gaze ou musselina. Mais

ou menos isso: os pés fossem mãos
a colher madressilvas. Suponham: esse bailado,
esse relógio preciso embutido
nas pontas dos pés.

Pois a palavra mais desejada
é aquela que salta
por sobre a página clara, muito acima
da tocaia calma que lhe estendemos a custo.

Não tem pena
de nossa seda, de nossas lentes possantes,
dos dicionários de rima, dos tradutores
insones. Rio acima,

a palavra certa lá vai,
direção ao sol em que se inventa,
onde gravita,
muda.

Caça

Pode ver as montanhas
enquanto a água cai sobre sua cabeça.

Pode ouvir o silêncio que entra
com a noite que entra

feito um lagarto logo
encurralado na varanda.

Pode ver as montanhas
enquanto ensaboa os cabelos

e ver o sol que sobe
com a voz do pai, da mãe

e a memória destas mesmas vozes
à beira de uma infância nem perto,

nem longe. Pode ver a si mesmo
quando era outro, há duas semanas,

há dois anos, um milênio quase, atrás
e ao pé da mesma paisagem.

Fim de semana

Traz consigo resguardada
certa idéia que lhe soa
clara, exata.

No entanto, hesita: que palavra
a mais bem medida e cortada
para dizê-la?

Enquanto não lhe vem o verso, a frase, a fala,
segue lacrada a caixa
no alto da cabeça.

O equilibrista

Madona entre pedras,
a noite esfria,
o corpo dói, o leite seca,
os instantes pesam, caem

do teto
numa cova larga,
funda, que represa a hora,
o silêncio rói.

Madona entre pedras,
onde pôr seu filho?
Onde repousar pele, cabelo
e cólica, suavidades

que as rochas,
absurdas, repelem?
Onde pôr os olhos?
Onde pôr a memória

da casa, da mesa, da palmeira
alta como a torre?
Onde (aviões, um disparo súbito) pôr
o último retalho de um céu calado?

Mulher, soubera sempre
não lhe caber o solícito e fácil,
azuis, grãos
por si mesmos lavradios.

A mulher

Mas como supor
tal espinho: não ter
onde pousar,
onde pousar seu filho?

Entre pedras, não sonha. Acesa
e sólida, vigia, vela pelo menino,
vela com seus olhos de pano enxuto,
à espera de, à espera.

Deixo que o táxi me leve. Mais que o lugar,
deixo que o som me leve,

bom de ouvir e dizer: Leblon.
A primeira sílaba se eleva, anel breve,

e desaparece
logo que a outra em onda lenta e dilatada se desabotoa.

A resina translúcida e viscosa
do que nelas é água e sal fica na boca.

Sul

Na contínua, contida explosão de que se alimenta
a lâmpada, no inseto,
na transparência de sua hélice que adeja,

leve. Na gema do âmbar, no bico
de um fósforo que se acende, seta
no dorso da sala escura.

Seu veneno em riste,
que o poema morde no próprio dente.
Vi seu doce apurando

entre flores e asfalto
no Jardim de Alah,
no azul do Leme,

na foz do Douro,
sobre a calçada de Serrúbia.
O sol.

À roda

1

A manhã me vê,
eu a vejo.

Me pede um naco de pão.
Estendo a mão.

2

Sou eu, agora, quem lhe pede:
água.

Sobre mim, faz-se uma vasta piscina,
invertida.

3

Meus olhos bebem paredes,
fundo.

Toda azulejos a manhã
que me vê, que vejo.

The big blue

Sobre papel, preciso nanquim,
qual sobre cetim um bordado
tão belo e tão externo que
não mais a língua: apenas letras.

Sinais, só: o queixo, o nariz das palavras,
suas costelas, retas ou aduncas. Os antigos
(que fôramos há tão pouco) vestiam assim o alfa-
beto: polainas, golas engomadas, abotoaduras.

Exímia, a pena voava mais alto
e em mais voltas do que faria
no rabo de um ganso, posto que
todo escrito era antes o efeito,

era antes o funâmbulo, era antes o belo
e semelhava, elegante, ondas, farpas, fiapos,
caudas, franja, nó, abas de chapéu,
lábios, dobras no linho, lascas

de coral, dorso de golfinho, ponta
de punhal, gáveas, cabo de
guarda-chuva,
chuva etc.

Caligrafia

Galgava os ombros altos
da ilha de Samotrácia.

Vinte e um anos.
Um efebo, dir-se-ia.

O mar Egeu rugia
dentes indiferentes

quando a polícia
encontrou seu corpo,

há um mês desaparecido
sob o largo céu

de março, primavera,
deuses nenhuns.

Guillen Folc Cura (1979-2000)

O verbo cisnir, intransitivo,
assinale o modo como,
entre rodas e transeuntes,

no trânsito
(repentinamente transmutado em águas,
lama e restos

que se desviam num aluvião sem nexo
a fim de que o rapaz passe) o rapaz
cisne.

Passe

Para o arco de
uma penha.

Para o alto fulgor de um relógio
agarrado ao meio-dia.

Para o topo de um edifício que,
de tão extremo,

farol aceso ao sol
ele seria.

Lança

Então, a hipertecnologia
que a urgência exige
faz ver que não há limites.
E tudo se cumpre:

todas as peças, programas, comandos,
funções, sensores, ajustes, conexões,
acessos, sinais, executam perfeita
e ininterruptamente, o que tem de ser.

Foi assim que do céu de Tóquio caiu,
trazida por Ronald Polito,
uma mensagem de Clarice Lispector
para Armando Freitas Filho.

Da grande máquina

Não saberia dizer a hora
em que me desfizera de tudo o que não era teu,

quando cada coisa se deixou cobrir
por tua presença sem margens

e deixou de haver um lado
que fosse fora de ti.

Graça

Eu caminhava nu, sem que você visse.
Pra que você visse, eu caminhava sem.
Você não via. Pra que você soubesse,
eu caminhava nem, sem que você visse,

eu caminhava livre, além do limite de
ser ninguém, sem remo e sem alento,
o andar isento quase de mim mesmo,
num estranho, cansado engano,

sem âncora, no vento, e mais contente.
Nu, livro ao avesso; nu, anel sem dedo;
nu, anel sem dentro; nu, a pedra
bruta; nu, um livro bruto, antes

do acabamento, cimento grosso,
na antemão da cal, da letra, descampado,
como se a mão de alguém me desenhasse,
antiqüíssimo, no dorso de um vaso.

Sem poder ser belo, sem poder ser feio,
coisa-coisa no espaço, no tempo, eu ia.
O sol me reconhecia: eu era o filho
mais novo do boro e do alumínio.

Via

Meu passo exalava o hálito do barro.
As crianças me apontavam, riam.
Tudo se condensava à minha roda.
No entanto, nenhuma flor surgia

nos meus passos: os brejos permaneciam
sáfaros, cobertos de urzes, sem que nada
fosse esquivo, estranho ou intratável,
nenhum recife, navalha ou gesto sórdido.

E pra que se desse a ver, meu silêncio
dizia: cabelo, pele. Sorri: os anjos de pedra
me acenaram. Eu caminhava sem,
em você, sem que você visse.

Já não recorro às fotografias
– perfil, pose, paisagem –

como o cego ao cão
que fia o caminho.

Deixei que os dias
– outro cão, todo dentes –

te devorassem
os arames nítidos do foco.

Fiquei com o que sei
de cor

– outro cão, em mim,
garra e faro –

no extremo
dos meus dedos.

De ti

Meu esforço para que os dias
tenham vinte e quatro horas, ossos,
o sol, a noite, para que ruas, praças
e túneis estejam nos seus lugares.

Meu esforço para que a voz se mova
na fibra exata, para que a cidade,
cada dedo de sua álgebra, não desabe,
para que fábulas, riso e palavras

estejam no ponto certo, assim como
as pedras, prédios e montanhas
que mantenho quietos a custo.
Amor a quanto obriga.

Meu esforço, faina de todo dia,
para que disso tudo ele nada perceba.
E ele nada percebe. Chove,
e só eu sei.

Preciso

Confesso: não pude desamar de ti.
Tornei-me, então, tua mãe.

Afinal, não serias o meu homem,
eu sabia. Não vacilei, e dedico-me

à condição mais intestina,
mais doce – a de quem cozinha,

cose, espera, cala, tece,
aconselha, espera, vela

(mesmo que não, é como se fosse),
à condição de quem vê passar

o tempo no cabelo, nos gestos,
nas histórias, nos amigos, nos dentes

do seu pequeno príncipe, do seu dolorido,
do seu príncipe feliz.

Porque não me querias como homem,
porque não poderia ser teu pai,

restou-me não ser menos que este amor
que segue ao teu lado

mesmo quando é tão distante teu caminho,
teu silêncio, teu passo rápido, teu sonho.

Choro,
que o destino das mães é sempre triste.

Porque é triste não poder ser
a mulher do seu menino.

Mais doce

Ninguém nos verá. Os sapatos: mudos;
os corpos: transparentes; o aeroporto
finge que não houve. Ninguém ouvirá
de nós os passos sem cadarços.

Nossos passaportes? Sem fotos. Secreta
Viagem, para onde deixaremos de nós
algo tão belo (uma sílaba? uma letra?
um?) que parecerá imprestável

diante das flores insuportavelmente
doces do Aterro do Flamengo, prontas
para o frasco. Seremos um lugar
silencioso, liso, concentrado,

sem o olor dos parques abertos
à visitação, aos corredores, às bicicletas.
Uma viagem secreta.
Diga que sim,

que sim
(a beleza injustificada dos poemas,
a alegria dos cronópios, o clarão
do gozo, o ramo muito alto do riso).

Viajarmos até onde coubermos,
até onde quisermos a vontade.
Não levaremos a dor.
Não carregaremos medo.

Diga: sim! Depois combinamos
o resto. Marcaremos a data.
Etc. etc.
etc.

Aceite

No silêncio largo
– uma pérgula –

chuvisca
(míngua bem planejada)

um quase-que-sorriso.
Vem a resposta: um lóbulo

de frase, uma meia-palavra,
uma vírgula. Uma isca, enfim.

Os olhos, no entanto, largos,
não dão trégua.

Mais adiante, serão, talvez, o suor, a urtiga, o fêmur,
a língua, milhões de palavras, glândulas e tempestades.

Mas, antes, atam gestos
mínimos, manuelinos.

Engate

Estrelas desabassem,
pesadas, inteiras,
como a água cai
da torneira.

Assim, um amor
absoluto e agora,
na emergência de
umas poucas horas.

Nelas coubessem, porém,
gestos por onde, gáveas
acima, ciências,
alianças, edifícios

que só imaginamos possíveis
na urdidura de anos. Tudo,
momentaneamente, largo
na caixa mínima de um dia.

Um dia? Menos: uma pouca hora.
Tempo suficiente para ignorarmos
o metro dilatado do medo, do talvez,
dos mapas e planos.

O porvir (desejá-lo) sumiria
num rapto. Em seu lugar,
o fio repentino do êxtase,
a luz plena de um raio.

Já

A retidão, o cuidado
com que o dia elabora
à roda dos que dobraram a noite
entre o sexo e o silêncio

– dormem agora –
a colmeia de uma luz perfeita,
que não fere, não erra, não range
ao desdobrar uma chama

de outra chama
e emergir,
dentre o que se amarrotara,
em cabal geometria.

Presença

Não o branco excelso dos soluços e das luas,
tampouco a artilharia silenciosa e nula do gesto-gesso
reverente diante da folha pura.

Antes, quero do recém-passado a ferro alvor da tua camisa
o algodão
no qual o céu do Algarve aguça a claridade:

tela, de que se exala ainda a pedra, o sabão e o vento;
teia, algazarra, fascinado o bando de insetos
que há nos dedos do desejo.

Faro

Rompeste do amor
o ramo
com a facilidade que

e, quanto a mim, não pude
a brevidade, o vento, o susto,
a dúvida,

nenhum espanto no teu gesto reto e sem olhos
frente às palavras que te trazia
quando,

apodrecem ao pé de mim,
faz frio, são horas, o chão
coalhado de insetos, versos,

o amor, o ramo,
teus dedos nenhuns,
é tarde, abertos

e vazios, até mais ver,
uma nuvem, um nó,
e cai.

Extremo

Amor desfeito.
Do vento mais suave

(arrastamos nosso corpo
para fora, para a hora

de partir) o movimento mínimo
fere nosso rosto

e o silêncio semelha o dente de um ácido
sombrio sobre nosso ferimento,

ainda tão recente,
cintilante.

Dor

Demore-se no carinho,
de modo que no rosto do outro
vá a mão como se não fora
voltar. Repita,

demorando-se mais,
de modo que a mão descanse
naquele rosto, como se,
e se esqueça de que.

Repita, demore-se no carinho
como se a mão desse adeus,
agarrada ao rosto que se vai.
Outra vez: repita,

demorando-se mais
e mais, como se a mão bebesse
daquele rosto para, saciada, dormir
ali mesmo, ao pé da fonte.

Carícia

Ok. Jamais tocar teu rosto.
Aceitar que ele não seja uma
(eu direi, apesar do doce
que se derramará então

e da ridícula, antiquada, sedosa aura
que cerca tal imagem, que cega
em tal imagem, que dela se evola;
sim, eu direi agora)

aceitar que ele não seja uma: flor
(mesmo que trabalhosa,
flor do obstáculo, entre farpas,
arames, flor do cálculo).

Meus dedos, custosamente
quietos, miram teu rosto
(o mais perfeito – nem belo,
nem feio – artefato): rastros,

javalis, búfalos atingidos mortalmente
em meio aos livros, às pedras,
à água que talvez gotejasse,
à música também ela pingando

de um piano arruinado mas,
repentinamente, negro, sólido
em meio aos papéis do cesto,
à brasa de uma e outra frase,

O cacto

às cidades que poderiam dormir
e acordar quantas vezes quisessem
ou fugir em caravanas
ou morrer

enquanto falarias de Rilke,
de homens terríveis a cavalo,
de cavalos que sobre cavalos
se equilibram sem custo

e eu perguntaria como e você
mentiria e você sorriria
esquecido de ser triste,
até perdermos, por delicadeza

planejada, o medo – de morrer,
de amar, de voar, de tudo –
que cultiváramos com paciência
e orgulho diários.

Mas, sossega. Acato
o hastil armado de tua distância
(apesar de a tarde brilhar suave,
suave no amargo das tuas lâminas).

Da janela, impossível distinguir o vestido
apressado, adeus na louça improvável, azul
dos paralelepípedos, menos ainda o passo,

tac-tac à borda esquerda do rio,
também ele tingido pela hora,
e a ponte, a torre, as árvores.

Nada contesta a monocromia da tarde
(exceto a tristeza que sinto,
traço negro, nota pouco extensa

e, de resto, inteiramente dispensável,
à margem desta tarde,
tarde demais).

Relevo

Paredes, papel quase, modulavam a tarde,
o espaço, em respirações
regulares

e nós,
cortados em pedaços pelo sol
que vinha da treliça.

O vão, a pedra alta,
o chão onde árvores repentinas,
pilotis

e nós,
sim-não-sim-não-sim
por trás das persianas.

Vigas,
domos translúcidos, acesos
de um céu desdobrado em água

e nós,
que não chegamos a ser um beijo,
gravura entre duas

colunas que aparavam a hora,
as empenas dela, da luz a moldar
volumes de luz.

Você, intervalo cristalino
entre nós,
e o branco basto, o branco branco.

Ali

I
No cume da colina,
como se à mesa da santa ceia:
capela-carapaça.

Capela-caranguejo?
Branco de proa. Projeta
(a prancheta ouve, atenta):

ancas de barco, barco de borco,
estibordo, vela enfunada no verde, alto
mar do Senhor.

II
– *Senhor-Sol, Senhor-Céu,*
coroado de peixes e pássaros,
eis vossa casa, que também palácio

de Adriano, que também celeiro,
onde vacas, avencas, santos, uvas
e o vazio.

No mastro, um sino dirá que
nasceu um menino
e pede pão, água, justiça.

Mas eu digo que
nada há de lhe faltar
nesta arquitetura farta.

III
O capitão-mestre-de-obras, olhos vidrados
no horizonte, cala. E ouve a concha do casco, que ecoa:
nada há de lhe faltar nesta arquitetura farta.

Ronchamp (outra fábula de um arquiteto)

Na parede cega,
abrem-se olhos
em forma de ó.

Um a um, bloco
a bloco, formam aerado,
arenoso dominó.

Desenrola-se
o rocambole barroco.
A bovo: o cobogó.

Por ele, luz e
ar penetram o sólido, o
óvulo.

Desfaz-se, enfim,
da clausura
o nó. Por

através, vê-se
livre o sol
nascer em octógonos.

E, sobretudo, faz-se mais
barato o belo, o belo
óbvio.

O cobogó para Rui Velloso

No avesso da baleia, na baleia
aberta ao sol, de pé sobre as tripas
dela trespassada por mil
arpões, no alto deste Himalaia

miserável, Jonas equilibra
caos, encostas, necessidade,
diz que é metade macaco,
metade lagarto, diz

eu sei matemática, mãos e
pés adivinham o prumo
e pesam a relação exata
entre barro e tábua, papelão

e lata, diz que morar e viver
são terra, pão, consolo, coisas
de um mesmo adobe, mesma
fiação, mucambos, diz que

sabe guias, guinchos, engenharia,
empuxos, insuspeitados capitéis
de plástico, e que, diante da fome,
toda cal é gorda. Diz que sabe,

diz que segue, a despeito do peso e da espessura
do mundo que, força brutal das tempestades
e do abandono,
desaba.

Jonas

Onde morou a Luiza.
Passei por ela, a rua, muitas vezes.
Chama-se agora "da Misericórdia"
e sabe de cor seu caminho

que desce à beira do rio
no alto de um ramo de alecrim,
como um Tejo miúdo, todo de pedras
e seu aluvião de pastelarias, alfarrabistas.

O cano que rebentou junto ao passeio,
sim, se calhar,
inda não foi consertado,
que as coisas são lentas.

Chama-se agora "da Misericórdia"
a antiga Rua do Mundo.
Era talvez pequena
para nome tão afastadamente,

para a Terra toda e os astros,
mas Luiza era um corpo celeste
a vigiar o andamento, o ruído,
o silêncio, o istmo,

as variações possíveis,
imprevistas, o sangue,
a asa, o sal inesgotável
do vário, o jogo.

Rua do mundo para o Jorge Fernandes da Silveira

Rua do mundo fora,
de seres que se queimavam à luz.
Rua do mundo sensível,
onde Luiza metia o nariz.

Abarcar o mundo com as pernas,
afundar no poema, cair
no mundo, ganhar mundos,
fundos nenhuns, perder.

Era uma rua qualquer, mas
a chuva sabia seu nome, bem como
os males irremediáveis, as ventanias,
os alvoroços de verão, os insetos.

Mesmo a felicidade tantas vezes
desceu e subiu tal qual uma vaga
desordenada, descalça, as pedras
daquela via sem reis nem padres.

Os sábados enchiam as calçadas de pernas.
Luiza ouvia o fragor. Os telhados ruíam.
Luiza ouvia os cacos, cada um.
A rua frágil, a palavra disparada.

Já não se chama "do Mundo".
É agora "Rua da Misericórdia".
Já não é a vastidão do orbe,
mas, de joelhos, *ora pro nobis*.

O sol vinha reto varar a janela
da louca que atravessara
a noite à procura do verso
mais irritado, mais de si.

Do punhal ali, rente aos olhos,
ao fígado, ao coração, a mulher sabia
que só uma palavra a salvaria:
misericórdia. Não pediria?

De longe, era possível ouvir um grito
(mas talvez fosse apenas eu) a pedir compaixão.
Mas era menos para ela que para o mundo,
menos para ela que para a rua do.

A água parada
dos vidros
(a sede estanca diante dela,
de sua retidão salina).

O fogo parado
dos vidros
(chama que não se exaure,
agora inteiramente agora).

A água fria,
o fogo frio
(sem reverso, dentro é fora)
das altas lâminas:

lagos de quartzo
estendidos ao vento imparcial da cidade;
fogos silenciosos, parados,
do artifício.

Arranha-céus

Na linha reta, vibra, por vezes,
o arabesco. Repara: folhas, flores, lianas
na chapa lisa, isenta, exatamente

ali
onde é mais tenso
o elástico que aremessa o edifício para o alto.

Segredo

Nenhuma pele tão bela,
concisão aparente,
à flor da flor dela mesma.

Nenhuma, na aparente mudez,
tal veemência e convicção
diante do vento e das vitrines.

Que outra, conceito aparente, mais enxuta
e descalça, se a nu vê-se o próprio olho
que a vê assim, escalvada e franca?

Tão extrema, pele nenhuma,
ela própria osso, concórdia aparente
entre a ruína e o aço.

Do concreto aparente para Roberto Conduru

Não são casas que se ergueram.
Vê: são cafuas cavadas
até ao cubo mais puro.

Apalpa: é sem casca.
São furnas – avancemos dentro –
conseguidas a enxada, a unha,

adivinhação e método: mediterrâneos
sem assinatura de deuses
ou arquitetos.

Onde quer que sejam
(na Turquia, cônicas,
vulcânicas;

na Espanha, o estuque
branco e sem truques;
na Itália, Sicília,

individuais,
unidas por poços e
passadiços),

são o vernáculo mais sofisticado:
morador e habitação
um só metro;

mesma fôrma: fato e conceito.
Avalia: coisa e palavra
no mesmo prato.

Das covas

1

Um modo de partir:
esta gávea,

laje alta
rumo à água.

2

Um modo de ficar:
este lençol

que se eleva, dossel,
e repousa.

3

Um modo de jamais voltar:
a nave

deita-se com o vento,
levanta-se com ele.

4

Um modo de retornar:
a linha reta

cede ao peso da luz,
do círculo.

Indelével para Rogério Pacheco

5

Um modo de, entre
cubos, desafivelar

a duna,
o alísio.

6

Um modo mínimo
de fazer a casa

mais larga:
a tenda.

7

Um modo de o betão
dar-se macio: dobrá-lo

(sem as marcas da dobra)
ao número da seda.

8

Um modo de ser,
limpo, leve:

o Pavilhão
de Siza.

Gaivotas são invenções de Da Vinci, crianças
loucas, tesouras loucas, cães aéreos

de tão lépidos. Folhas em branco: a língua do vento.
Mas por que àquela hora tal agitação de asas?

Se desejavam algo, o que fosse, nada lhes poderia
dar ou emprestar, Imperador de uma tal pobreza,

a fronte cingida apenas pela febre. Era preciso
dizer àquelas aves que não havia água, que

talvez e sempre só tenha havido solidão
e mágoa em torno dele e dentro,

búzio vazio e mudo, poço exangue,
corredor sem portas, poço horizontal,

corredor para o fundo. Lembra: o médico
preceituara repouso, purgantes, filtros, infusões

e sua voz, salina, à maneira de cristais caía
dos olhos, não vinha da boca, e se acumulava

em cacos verdes na bacia redonda e grossa
dos óculos. Tudo inútil. Tudo nada.

No Grande Hotel do Porto

Por que gaivotas àquela hora? Verso que se
lhes assemelhasse era um espalhamento de sílabas

atordoadas, felizes de não terem sentido, puro alarde
do ritmo, o mais alto, sobre o chão. Mas

nunca soubera o que fosse isso. E ali, a cortar o céu
noturno do Porto, a voz delas era uma foz estridente,

a mais terrível canção de exílio. Não deveria haver
jamais gaivotas sobre o teto de nenhum hotel,

proibidos tais gritos brancos de espuma, pois
a noite tem de ser a noite, sem pontes, hermética.

No entanto, lá estavam elas, violentas,
rodopiando como lâminas inglesas, azuis.

Era preciso considerar: um hotel ensina-nos mais
que todas as filosofias: não ficar, não ter, não ser.

E na massa escura de tudo, imaginou com a ironia
que lhe restava: um dia, a pompa de uma placa

(a Europa e seus ouropéis) à porta de entrada:
"Por ocasião da última visita realizada à Cidade

Invicta em dezembro de 1889, os Imperadores do Brasil
Dom Pedro II e Dona Teresa Cristina estiveram

hospedados neste hotel." Não dirão que já não eram
senão, mal e mal, um homem, uma mulher.

Calarão que a Imperatriz — que já não era — deixara,
ali, de ser hóspede de tudo. Aqui está a chave!

Sobre o telhado, a cama, a mulher morta,
a insônia, elas, as gaivotas, ensinariam

(se ensinassem algo) àquele homem,
àquele miserável, mais que toda ciência

e toda literatura: nadar, andar a vau, elevar-se
alegre, planar, fazer de tudo campo aberto

de abrir-se. A régua que carregam
nunca cega.

1

No início
era apenas
lé com lé,

cré com cré
e variações
disso.

Depois, fez-se o Hélio.
E Hélio,
seu Parangolé.

E como o homem
já era verbo,
eis que o homem disse:

*se o chalé
é a casa
do barão do café,*

*o Parangolé
será o palácio
da ralé;*

*se os bichos
se refugiaram na arca
de Noé,*

*as bichas estarão
felizes no arco
do Parangolé;*

Uma coisa casa

se a oca é
o abrigo do Pajé
e de seu povo,

o oco do Parangolé
também será
 – evoé! –

pois se o gueto é
bairro do não,
o Parangolé

será praia dos sins
de Lygia Clark, Monsueto,
Waly Salomão;

se o medo corre
serviçal
à saia da fé,

o Parangolé
será de si mesmo
o sal, a Sé.

Pois que seja a linguagem
– como quer o filósofo –
a morada do ser;

mas eu vos digo,
em verdade, que
o Parangolé é a casa do é.

2

O que no parangolé é ovo:
casa mais que nenhuma outra
casa, a mais inteira,

sem porta e sem tranca.
Casa antes da casa:
Parthenon, barraco.

O que no parangolé é ostra:
o estranho, o compacto.
Chão, teto, dobradiça: é tudo.

Ostras habitam o outro da casa. Porém,
sobre o pátio prosaico da mesa, suas carapaças
– capas-pedras de livros nunca abertos –

quando abertas mostram glândulas,
tripas, transístores, dentros
de um dentro sem mistérios.

3

O metro elástico, exato para o tamanho
imprevisto da dança, para o tamanho azul,
para o tamanho vermelho, amarelo

e terra da dança, de modo que esta casa:
uma camisa, cortada em largo para o corpo,
a fim de que a cor a cor sangre

e a cor sangra, samba e dribla, desinventa
retas, ritmos, engendra um sem-número de gestos
que se arriscam contra o arrimo do gesso,

contra o gênio-nenhum do mal, do medo. E
tudo se tinge, tangível tudo.
Casa: máscara

que se desdobra, decalque sobre a pele e,
a um só tempo, tatuagem sob a carne,
como se morasse em nós e não nós nela:

pedra, onde vem bater a praia, laje que afunda,
fulgura, ri. Que casa é esta coisa? Que
roda, rola, sala e quarto, pedra e bola

sobre o bilhar, sobre a bandeira, sobre o feltro
da cidade estendida, sobre o fato e a mentira. Casa
e camisa, repito. Capa da liberdade.

Ereta, ataque contra o sensabor da miséria
e da ordem, contra a transparência dos intestinos de vidro,
das páginas silenciosas, paradas.

Eucanaã Ferraz nasceu no Rio de Janeiro, em 1961.

Publicou, entre outros, os livros de poemas *Martelo* (Rio de Janeiro: 7 Letras, 1997) e *Desassombro* (Portugal, Famalicão: Quasi, 2001; Rio de Janeiro: 7 Letras, 2002 – Prêmio Alphonsus de Guimaraens, da Fundação Biblioteca Nacional – melhor livro de poesia de 2002).

Organizou *Letra Só*, livro de letras de Caetano Veloso, editado em Portugal (Famalicão: Quasi, 2002) e no Brasil (São Paulo: Companhia das Letras, 2003); a *Nova Antologia Poética de Vinicius de Moraes*, com Antonio Cicero (São Paulo: Companhia das Letras, 2003); e a *Poesia Completa e Prosa de Vinicius de Moraes*, (Rio de Janeiro: Nova Aguilar, 2004).

É professor de Literatura Brasileira na Universidade Federal do Rio de Janeiro – UFRJ.

www.eucanaaferraz.com.br

Copyright © 2004 by Eucanaã Ferraz

Capa e projeto gráfico
Raul Loureiro

Ilustração da capa
Ivan Serpa
Sem título, 1953. Guache, colagem e nanquim s/ papel, 24 x 17 cm
Coleção Jones Bergamin, Rio de Janeiro

Revisão
Thaís Totino Richter
Carmen S. da Costa

Foto da página 127
Bel Pedrosa

Dados Internacionais de Catalogação na Publicação (CIP)
(Câmara Brasileira do Livro, SP, Brasil)

Ferraz, Eucanaã
Rua do mundo / Eucanaã Ferraz. — São Paulo:
Companhia das Letras, 2004.

ISBN 85-359-0568-5

1. Poesia brasileira I. Título.

04-6509 CDD 869.91

Índice para catálogo sistemático:
1. Poesia: Literatura brasileira 869.91

2004

Todos os direitos desta edição reservados à
Editora Schwarcz Ltda
Rua Bandeira Paulista 702 cj 32
04532-002 São Paulo SP
Telefone [11] 3707 3500
Fax [11] 3707 3501
www.companhiadasletras.com.br

Esta obra foi composta por Raul Loureiro em Grotesque
e impressa pela Gráfica Bartira em ofesete sobre papel pólen bold
da Suzano Bahia Sul para a Editora Schwarcz em outubro de 2004